全国高等职业院校会计专业教材

会计Excel应用习题册

曾奇娜　主编

中国劳动社会保障出版社

简　介

本书为全国高等职业院校会计专业教材《会计 Excel 应用》的配套习题册。本书题型多样，包括填空题、选择题、判断题、简答题、应用题等，力求充分体现教材的重点和难点，反映实际工作中将接触的具体问题，使学生能够掌握有关知识和原理，并具有解决实际问题的能力。

本书由曾奇娜任主编，黄顺康、叶瑞燕、杨梅、吴海换参与编写。

图书在版编目(CIP)数据

会计 Excel 应用习题册/曾奇娜主编．--北京：中国劳动社会保障出版社，2023
全国高等职业院校会计专业教材
ISBN 978-7-5167-5942-4

Ⅰ.①会…　Ⅱ.①曾…　Ⅲ.①表处理软件-应用-财务会计-高等职业教育-习题集　Ⅳ.①F234.4-39

中国国家版本馆 CIP 数据核字(2023)第 189859 号

中国劳动社会保障出版社出版发行
(北京市惠新东街 1 号　邮政编码：100029)
*
三河市华骏印务包装有限公司印刷装订　新华书店经销
787 毫米×1092 毫米　16 开本　4.25 印张　92 千字
2023 年 10 月第 1 版　2023 年 10 月第 1 次印刷
定价：9.00 元

营销中心电话：400-606-6496
出版社网址：http://www.class.com.cn
http://jg.class.com.cn

目录

项目一　Excel 数据计算基础 …… 1
项目二　会计凭证的 Excel 应用 …… 13
项目三　会计账簿的 Excel 应用 …… 16
项目四　常用财务表单的 Excel 应用 …… 19
项目五　员工工资管理的 Excel 应用 …… 22
项目六　应收账款管理的 Excel 应用 …… 25
项目七　进销存管理的 Excel 应用 …… 28
项目八　固定资产管理的 Excel 应用 …… 31
项目九　会计报表的 Excel 应用 …… 35
项目十　合同台账管理的 Excel 应用 …… 38
项目十一　财务分析的 Excel 应用 …… 42
项目十二　发票管理与费用管理的 Excel 应用 …… 46
项目十三　货币时间价值计算的 Excel 应用 …… 49
项目十四　资本成本计算的 Excel 应用 …… 52
项目十五　项目投资评价基本指标计算的 Excel 应用 …… 58

项目一　Excel 数据计算基础

一、单项选择题

1. Excel 公式是 Excel 工作表中进行数值计算的等式或进行字符处理的计算式，公式输入是以（　　）符号开始的。

A. “+”　　B. “-”　　C. “.”　　D. “=”

2. Excel 运算符根据功能不同分为（　　）四类。

A. 算术运算符、比较运算符、文本连接运算符和引用运算符

B. 算术运算符、最高级运算符、常规连接运算符和引用运算符

C. 算术运算符、比较运算符、数值连接运算符和引用运算符

D. 算术运算符、比较运算符、日期连接运算符和引用运算符

3. 在行号和列标前加一个“$”符号表示（　　）。

A. 相对引用　　B. 相互对比

C. 绝对引用　　D. 最高级引用

4. 以下函数中，不属于查找和引用函数的是（　　）。

A. LOOKUP 函数和 ROW 函数　　B. VLOOKUP 函数和 COLUMN 函数

C. VLOOKUP 函数和 INDEX 函数　　D. MID 函数和 FV 函数

5. IF 函数是一种（　　）函数。

A. 数学和三角　　B. 日期和时间

C. 条件判断　　D. 数字判断

6. 以下函数中，（　　）函数的作用是返回由行号和列号索引选中的表或数组中元素的值。

A. COUNT　　B. INDEX

C. TODAY　　D. DATE

7. COUNT 函数的作用是计算区域中包含数字的（　　）的个数。

A. 行和列　　B. 行　　C. 列　　D. 单元格

8. 在 COUNTIF（range，criteria）中，range 表示要计数的（　　）。

A. 部分　　B. 区域　　C. 执行　　D. 地方

9. 在 AVERAGE（number1，[number2]，…）中，number1 和 number2 等参数是用于计算平均值的数值参数，最多为（　　）个。

A. 254　　B. 255　　C. 256　　D. 257

10. 在 SUMIF（range，criteria，［sum_range］）中，sum_range 表示用于求和计算的（　　）。

A. 列　　B. 行　　C. 实际单元格　　D. 平均值

二、判断题

1. TODAY 函数的作用是返回昨天日期，在使用时不需要任何参数。（　　）

2. YEAR 函数的作用是返回指定日期的年份值，结果是一个 1 900~9 999 之间的数字。（　　）

3. MONTH 函数的作用是返回指定日期的月份值，结果是一个 1~13 之间的数字。（　　）

4. DAY 函数的作用是返回指定日期在当月中的天数，结果是一个 1~31 之间的数字。（　　）

5. 在 SUM（number1，［number2］，…）中，number1 和 number2 等参数是 1~255 个待求和的数字。如果引用的单元格中含有非数字值，该函数将予以忽略，只给出数字值的求和结果。（　　）

6. SUMPRODUCT 函数的作用是返回相应的数组或区域乘积的和。（　　）

7. ROUND 函数的作用是按指定的位数对数值进行四舍五入。（　　）

三、填空题

1. Excel 中的文本函数主要用于对指定的文本字符或＿＿＿＿＿进行提取、比较等操作。

2. 在 COLUMN（［reference］）中，reference 表示需要得到其列号的单元格或＿＿＿＿＿。如果省略 reference，则假定是对 COLUMN 函数的＿＿＿＿＿引用。

3. 在 ROW（［reference］）中，reference 表示需要得到其＿＿＿＿＿的单元格或单元格区域。

4. SUM 函数的作用是计算区域中所有数值的＿＿＿＿＿。

5. 在 LOOKUP 函数的参数中，lookup_vector 和 array 中的数据必须按＿＿＿＿＿排列，否则不能返回正确的结果。

6. MID 函数的作用是从文本字符串中指定的起始位置起返回指定＿＿＿＿＿的字符。

7. 在 INT（number）中，number 表示需要进行向下四舍五入到＿＿＿＿＿的整数。

8. 在 ROUND（number，num_digits）中，num_digits 表示四舍五入时保留的＿＿＿＿＿。

9. 在 SUMPRODUCT（array1，［array2］，…）中，array1 和 array2 等参数最多为＿＿＿＿＿个。

10. 在 SUMIF（range，criteria，［sum_range］）中，range 和 sum_range 分别表示要计算的＿＿＿＿＿和＿＿＿＿＿。

11. 在 COUNT（value1，[value2]，…）中，value1 和 value2 等参数可以包含或引用不同类型的数据，但只对__________型数据进行计数。

12. 在 MID（text，start_num，num_chars）中，text 表示要提取字符的__________，start_num 表示要提取的____________字符的位置，num_chars 表示所要提取的字符的__________。

13. 在 MOD（number，divisor）中，number 表示________，divisor 表示________。

四、简答题

1. 常用的 Excel 函数包括哪几类？

2. 列举 10 个会计工作中常用的 Excel 函数。

五、应用题

1. 某公司销售人员的业绩如下图所示。请运用 IF 函数编辑公式，判断各员工销售业绩是否达标。如果销售业绩大于或等于 45 000，则在图中 D 列相关单元格返回“达标”，否则返回“不达标”。

A	B	C	D
员工工号	姓名	销售业绩	是否达标
LE001	张一数	40000	
LE002	李小小	45000	
LE003	陈四	30000	
LE004	吴宇章	55000	
LE005	江标	40050	
LE006	叶宏才	55000	
LE007	刘长标	65000	
LE008	章莉莉	56000	
LE009	邱念念	65500	
LE010	王一一	75000	

2. 某公司 1 月员工业绩考核情况如下图所示。请运用 COUNT 函数编辑公式，求出 1 月参与业绩考核的人数。

	A	B	C	D
1	姓名	部门	1月份业绩	1月业绩考核人数
2	刘一一	行政部	4000	
3	张小明	销售部	4500	
4	陈莉莉	销售部	3000	
5	吴文章	销售部	5500	
6	张目标	行政部	4005	
7	叶实验	财务部	5500	
8	刘小华	财务部	6500	
9	章少莉	行政部	5600	
10	邱梓豪	财务部	6550	
11	王小丽	行政部	7500	

3. 某公司某年员工业绩如下图所示。请运用 COUNTIF 函数编辑公式，求出业绩大于等于 45 000 的总人数。

D2 fx

	A	B	C	D
1	姓名	部门	业绩	业绩大于等于45000的总人数
2	刘一一	行政部	40000	
3	张小明	销售部	45000	
4	陈莉莉	销售部	30000	
5	吴文章	销售部	55000	
6	张目标	行政部	40050	
7	叶实验	财务部	55000	
8	刘小华	财务部	65000	
9	章少莉	行政部	56000	
10	邱梓豪	财务部	65500	
11	王小丽	行政部	75000	

4. 某公司部分员工工资情况如下图所示。请运用 AVERAGE 函数编辑公式，求出每名员工 1 月和 2 月工资的平均值。

	A	B	C	D
1	姓名	1月份工资	2月份工资	工资平均值
2	刘一一	5000	4000	
3	张小明	6000	4500	
4	陈莉莉	5002	3000	
5	吴文章	7003	5500	
6	张目标	3004	4005	
7	叶实验	5005	5500	

5. 某公司某年第二季度费用支出如下图所示。请运用 SUM 函数编辑公式，求出各项费用第二季度总支出。

	A	B	C	D	E
1	费用类别	4月支出	5月支出	6月支出	第二季度总支出
2	广告费	15000	4000	0	
3	办公费	15001	4500	1000	
4	差旅费	15002	3000	1001	
5	业务招待费	15003	5500	1002	
6	低值易耗品购置费	15004	4005	1003	
7	电话费	15005	5500	1004	
8	招聘培训费	15006	6500	0	

6. 某公司部分员工某月实发工资如下图所示。请运用 SUMIF 函数编辑公式，求出行政部工资总和。

	A	B	C	D	E
1	姓名	部门	实发工资		行政部工资总和
2	刘成一	行政部	4000		
3	李明	销售部	4500		
4	陈莉	销售部	3000		
5	吴宇宙	销售部	5500		
6	张目标	行政部	4005		
7	叶实验	财务部	5500		
8	刘小华	财务部	6500		
9	章少莉	行政部	5600		
10	邱梓豪	财务部	6550		
11	王小丽	行政部	7500		

7. B 公司某年 10 月产品销售情况如下图所示。请运用 SUMPRODUCT 函数编辑公式，求出该公司 10 月产品销售总金额。

B7

	A	B	C
1	B公司10月产品销售汇总		
2	产品名称	数量	单价(元)
3	电饭煲	5000	4000
4	电风扇	6000	4500
5	电热水器	5002	3000
6	电热毯	7003	5500
7	销售总金额		

8. 某公司部分员工某月基本工资如下图所示。请运用 ROUND 函数编辑公式，对图中 B 列的基本工资数据进行四舍五入，结果保留两位小数。

	A	B	C
1	姓名	基本工资	结果（保留两位小数）
2	刘一一	5000.56765	
3	张小明	5050.12765	
4	陈莉莉	6061.33765	
5	吴文章	7052.55765	
6	张目标	5053.88765	
7	叶实验	9054.66765	

9. 请运用 MOD 函数编辑公式，在下图 C 列有关单元格中求出 A 列数值除以 B 列数值的余数。

	A	B	C
1	数值	除数	余数
2	10	2	
3	12.5	2	
4	9	-2	
5	10	3	

10. 请运用 INT 函数编辑公式，在下图 C 列有关单元格中求出 B 列数值的整数值。

	A	B	C
1	INT函数的使用		
2	序号	原金额	取整金额
3	1	2534.978	
4	2	3535.978	
5	3	4536.234	
6	4	2537.123	
7	5	4538.456	

11. 某公司部分员工资料如下图所示。请运用 LOOKUP 函数编辑公式，求出工号为 1001 的员工的手机号码。

F2 × ✓ fx

	A	B	C	D	E	F
1	广州B有限公司				输入工号	查询手机号
2	工号	姓名	手机号码		1001	
3	1001	蔡小明	13123432231			
4	1002	张一一	13812334431			
5	1003	方力	13912556632			
6	1004	黄丽珊	13212345678			
7	1005	叶红	13312345674			

12. 某公司部分员工工作量情况如下图所示。请运用 VLOOKUP 函数查询员工张一一 4 月份的工作量。

I1 fx

	A	B	C	D	E	F	G	H	I
1	姓名	1月	2月	3月	4月	总数		需要考核业绩的员工姓名	
2	蔡小明	69	77	90	80	316		4月份工作量	
3	张一一	88	88	91	81	348			
4	方力	78	66	92	82	318			
5	黄丽珊	60	80	93	83	316			
6	叶红	90	90	94	84	358			

13. 某公司部分员工资料如下图所示。请运用 INDEX 函数查询员工方力的入职时间。

	A	B	C	D	E	F	G
1	员工入职时间表						
2	工号	姓名	部门	入职时间		姓名	入职时间
3	1001	蔡小明	办公室	2011. 05. 06		方力	
4	1002	张一一	办公室	2012. 05. 07			
5	1003	方力	市场部	2014. 05. 08			
6	1004	黄丽珊	总务部	2015. 05. 09			
7	1005	叶红	财务部	2016. 05. 10			

14. 某公司部分员工资料如下图所示。请运用 ROW 函数查询表中 B 列数据为“黄丽珊”的单元格所在的行号。

H3 fx

	A	B	C	D	E	F	G	H
1	员工入职时间表							
2	工号	姓名	部门	入职时间			姓名	所在行号
3	1001	蔡小明	办公室	2011. 05. 06			黄丽珊	
4	1002	张一一	办公室	2012. 05. 07				
5	1003	方力	市场部	2014. 05. 08				
6	1004	黄丽珊	总务部	2015. 05. 09				
7	1005	叶红	财务部	2016. 05. 10				

15. 接上题，请运用 COLUMN 函数查询表中 B 列数据为“叶红”的单元格所在的列号。

H3 fx

	A	B	C	D	E	F	G	H
1	员工入职时间表							
2	工号	姓名	部门	入职时间			姓名	所在列号
3	1001	蔡小明	办公室	2011.05.06			叶红	
4	1002	张一一	办公室	2012.05.07				
5	1003	方力	市场部	2014.05.08				
6	1004	黄丽珊	总务部	2015.05.09				
7	1005	叶红	财务部	2016.05.10				

16. 某公司部分员工资料如下图所示。请运用 MID 函数自动生成图中 5 名员工的出生年月。

	A	B	C	D	E	F
1	员工入职时间表					
2	工号	姓名	部门	入职时间	身份证号码	出生年月
3	1001	蔡小明	办公室	2011.05.06	414883200304234424	
4	1002	张一一	办公室	2012.05.07	414883200509264224	
5	1003	方力	市场部	2014.05.08	414883200110234123	
6	1004	黄丽珊	总务部	2015.05.09	414883198904234424	
7	1005	叶红	财务部	2016.05.10	414883198708234024	

17. 某公司某月部分员工的业绩如下图所示。请运用 RANK 函数求出图中几名员工的业绩名次。

	A	B	C	D
1	姓名	部门	业绩	名次
2	刘一一	行政部	4000	
3	张小明	销售部	4500	
4	陈莉莉	销售部	3000	
5	吴文章	销售部	5500	
6	张目标	行政部	4005	
7	叶实验	财务部	5500	
8	刘小华	财务部	6500	
9	章少莉	行政部	5600	
10	邱梓豪	财务部	6550	
11	王小丽	行政部	7500	

项目二　会计凭证的 Excel 应用

一、单项选择题

1. 如果要实现在会计科目表中输入科目代码就能自动生成总账科目和明细科目名称的效果，可以使用（　　）函数。

A. SUMIF　　B. SUM　　C. VLOOKUP　　D. AND

2. 在 Excel 工作表中定义数据有效性时，应单击主菜单中的“数据”，在“数据工具”选项组中单击（　　）按钮。

A. “自动筛选”　　B. “数据验证”　　C. “数据对比”　　D. “有效性”

3. 在会计凭证表中统计借方合计数和贷方合计数，可使用（　　）函数。

A. IF　　B. SUM　　C. COUNT　　D. MAX

二、判断题

1. 如果要对会计凭证表的内容加上批注，应单击主菜单中的“插入”，然后单击相关功能按钮。（　　）

2. 会计凭证表的“总账科目”项目必须设为文本格式。（　　）

3. 利用 Excel 填制会计凭证时，如系统提示“科目不存在”，则表示该科目没有设置。（　　）

三、填空题

1. 会计凭证表一般应设定年、月、日、序号、凭证编号、摘要、__________、__________、__________、借方金额、贷方金额等字段。

2. 在会计凭证表中设置数据有效性前，应当先在会计科目表中定义________。

3. 如果要在会计凭证表中判断借贷是否平衡，应使用________函数。

四、简答题

1. 简述如何利用 Excel 制作一张会计科目表。

2. 利用 Excel 制作会计凭证表时，如果要实现自动根据科目代码显示会计科目名称的效果，应如何进行设置?

五、应用题

1. 利用 Excel 制作一个会计凭证表（具体数据略），会计凭证表要包含“年”“月”“日”“科目代码”“总账科目”“明细科目”“借方金额”和“贷方金额”字段，并进行适当美化。

2. 以下是长宁公司 2022 年 12 月的业务，将这些业务填入上题所制作的会计凭证表中，并在表中设置自动显示借贷是否平衡。

（1）12 月 1 日，购入材料一批，金额为 5 000 元。材料已验收入库，货款尚未支付。

（2）12 月 3 日，出纳从银行提取现金 20 000 元，准备发放工资。

（3）12 月 4 日，购入汽车一辆，价格为 80 000 元。款项已通过银行存款支付。

（4）12 月 12 日，以现金发放本月职工工资 20 000 元。

（5）12 月 23 日，向银行申请 2 年期借款 200 000 元，借款已划入企业银行存款账户。

项目三　会计账簿的 Excel 应用

一、单项选择题

1. 以会计凭证表为数据源，运用 Excel 的（　　）功能，可以快速编制科目汇总表。

A. 筛选　　B. 排序　　C. 数据透视表　　D. 填充

2. 利用 Excel 制作总账时，若会计凭证表中的数据源区域发生变化，可选择总账数据透视表数据区域的任意单元格，依次单击（　　）以更改数据源。

A. “视图“和“刷新”　　B. “视图”和“更改数据源”

C. “分析“和“刷新”　　D. “分析”和“更改数据源”

3. 在 Excel 数据透视表设置中，（　　）区域可设置来源于源数据，被指定为列方向的字段。

A. “行”　　B. “筛选器”　　C. “列”　　D. “值”

4. 利用 Excel 制作明细账时，可以会计凭证表为数据源，插入数据透视表，并将数据源中的“年”“月”字段拖到（　　）区域，以实现筛选功能。

A. “行”　　B. “筛选器”　　C. “列”　　D. “值”

5. 在下图所示的现金日记账中，要计算第 4 项“预借差旅费”业务的余额，应在单元格 H7 中输入公式（　　）。

	A	B	C	D	E	F	G	H
1					现金日记账			
2	年	月	日	凭证编码	摘要	借方金额	贷方金额	余额
3					期初余额			2900.00
4	20	07	01	001	提现	5,000.00		7900.00
5	20	07	02	003	购买办公用品		600.00	7300.00
6	20	07	14	016	预付报刊费		690.00	6610.00
7	20	07	20	017	预借差旅费		3,200.00	
8					本月合计			

A. “=H6-F7+G7”　　B. “=H6+F7-G7”

C. “=H6+F7+G7”　　D. “=H6-F7-G7”

二、判断题

1. 利用 Excel 制作银行存款日记账时，可以将“现金日记账”工作表的名称和各项目名称直接复制并粘贴到“银行存款日记账”中，再修改工作表的标题即可。（　　）

2. 在现金日记账中输入本月发生额时，可以利用 Excel 的筛选功能直接从会计凭证表中筛选并复制相关数据。 （ ）

3. 在银行存款日记账中输入本月发生额时，在会计凭证表中应选择“文本筛选”以筛选有关信息。 （ ）

4. 利用 Excel 制作银行存款日记账的过程和方法，与制作现金日记账的过程和方法相同。 （ ）

5. 利用 Excel 制作科目汇总表时，只能使用数据透视表的功能制作。 （ ）

三、填空题

1. 使用 Excel 数据透视表制作科目汇总表时，“值”区域的计算类型应设为________。

2. 利用 Excel 制作总账时，若要更新数据透视表数据，可以采用____________、____________两种方式。

3. 利用 Excel 制作科目余额表时，总账科目的代码和名称可以通过在会计科目表中筛选科目代码取得，筛选条件应输入__________。

4. 利用 Excel 制作总账时，可插入数据透视表，并将数据源的“借方金额”“贷方金额”字段拖到__________区域。

5. 利用 Excel 制作科目余额表时，一般通过运用________函数确定“期末余额”栏的方向和金额。

四、简答题

Excel 数据透视表的数据源区域若发生变化，则该数据透视表也应该随着数据源的变化而变动。简述如何利用 Excel 的有关功能实现数据源区域发生变化时数据透视表数据的手动更新和自动更新。

五、应用题

某公司科目余额表如下图所示。请运用 Excel 函数编辑公式，求出各会计科目的期末余额。

	A	B	C	D	E	F	G	H
1	科目余额表							
2	编制单位		2022	年	11	月		单位：元
3	科目编码	会计科目	期初余额		本期发生额		期末余额	
4			借方	贷方	借方	贷方	借方	贷方
5	1001	库存现金	3,000.00		5,000.00	4,490.00		
6	1002	银行存款	300,000.00		986,305.00	340,452.00		
7	1012	其他货币资金			-	-		
8	1122	应收账款	260,000.00		-	260,000.00		
9	1123	预付账款			690.00	-		
10	1221	其他应收款			3,200.00	-		
11	1231	坏账准备			-	-		
12	1402	在途物资			15,000.00	15,000.00		
13	1403	原材料	110,000.00		15,000.00	91,000.00		
14	1405	库存商品	120,000.00		154,000.00	220,000.00		
15	1601	固定资产	100,000.00		66,400.00	-		
16	1602	累计折旧		10,000.00	-	5,000.00		
17	2001	短期借款		20,000.00	-	-		
18	2201	应付票据			-	2,500.00		
19	2203	预收账款			-	50,000.00		
20	2211	应付职工薪酬			-	73,000.00		

科目余额表

项目四　常用财务表单的 Excel 应用

一、单项选择题

1. 利用 Excel 制作差旅费报销单时，表示金额的数字应设置成（　　）格式。

A. 数值　　B. 文本　　C. 特殊　　D. 货币

2. 利用 Excel 制作（　　），有助于将企业的日常费用控制在合理范围内。

A. 科目汇总表　　B. 日常费用统计表

C. 财务总账表　　D. 管理费用统计表

3. 为了使 Excel 表单的表格看起来更加美观，可以在“显示”选项组中将（　　）复选框勾选为空白状态。

A. “编辑栏”　　B. “显示行号列表”

C. “网格线”　　D. “冻结窗口”

4. 利用 Excel 制作差旅费报销单时，可以用（　　）函数统计报销费用总额。

A. SUM　　B. COUNT　　C. IF　　D. SIN

5. 利用 Excel 制作日常费用支出汇总表时，可利用（　　）查看各类费用支出情况。

A. 数据对比功能　　B. 拆分窗口　　C. 排序功能　　D. 筛选功能

6. 如果要在日常费用支出汇总表中筛选出支出金额大于 2 000 元的记录，应在单击“筛选”按钮后，单击“支出金额”单元格右侧的下拉按钮，选中（　　），再进行后续操作。

A. “数据对比”　　B. “数字筛选”　　C. “升序”　　D. “自动筛选”

二、判断题

1. 利用 Excel 制作常用财务表单时，可以利用筛选功能实现数据的选择性输入。（　　）

2. 利用 Excel 制作常用财务表单时，通过设置单元格格式可以将小写金额快速转换为大写金额，而不必采用手工输入的办法。（　　）

3. 将日常费用支出汇总表中的“支出金额”列设置成“升序”排列，即可将支出金额从大到小排序。（　　）

4. 如果要在日常费用支出汇总表中统计各类费用合计值、各部门费用合计值，可以利用 Excel 数据透视表的统计功能。（　　）

5. 设置日常费用汇总表项目的过程中，可以利用 Excel 的数据验证功能实现费用种类

与产生部门的选择性输入。 (　　)

三、填空题

1. 利用 Excel 制作差旅费报销单时，应设置的字段一般有出差人、出差事由、____________________、__________、__________、报销总额、预借差旅费等。

2. 记录和管理企业在经营过程产生的费用时，一般制作____________、________________、____________等常用财务表单。

3. 选择性输入费用管理类财务表单中的费用种类与产生部门时，一般利用 Excel 的__________功能。

4. 利用 Excel 制作业务招待费用明细表时，可以运用__________函数将制单日期设为当前日期。

四、简答题

1. 如何利用 Excel 数据透视表分类统计日常费用支出汇总表中的费用支出额？

2. 利用 Excel 制作日常费用支出汇总表时，如何运用筛选功能分类查看费用支出情况？

五、应用题

下图为一张广优公司的差旅费报销单。请列出使用 Excel 制作该表单的主要步骤（包含格式设置）。

<u>差旅费报销单</u>

单位名称：广优公司　　　　　　　　　　　　　　　　　　报销日期：2022年11月2日

姓名		吕一、赵雷				事由		开发市场			
起		止		起止地点		人数	交通工具	交通费金额	其他费用		
月	日	月	日	起	止				项目	天数	金额
10	26	10	26	揭阳	广州	2	高铁	￥120.00	住宿费	5	￥1,500.00
10	31	10	31	广州	揭阳	2	高铁	￥120.00	邮电费		￥40.00
									住勤费		
									误餐补贴	5	￥600.00
									其他		
合计								￥240.00	合计	10	￥2,140.00
报销总额		￥2,380.00		大写	贰仟叁佰捌拾元整			预借	￥3,000.00	补领/退回	￥620.00

单位负责人　　　　　　　　会计主管　　　　　出纳　　　　　　　　报销人

项目五　员工工资管理的 Excel 应用

一、单项选择题

1. 根据个人所得税税率表和本期应预扣预缴税额的计算方法，利用 Excel 计算本期应预扣预缴税额时，可以使用 IF 函数的（　　）功能。

A. 排序　　B. 多重嵌套　　C. 筛选　　D. 汇总

2. 在 Excel 中对工资数据进行分类汇总时，要首先对工资数据进行（　　）操作。

A. 筛选　　B. 排序　　C. 查找　　D. 引用

3. 在下图中，小明 4 月应发工资为 5 100 元，应缴社保费 561 元，在单元格 C3 中输入公式（　　），可计算出小明 4 月应纳税所得额。

	A	B	C
1	小明4月个税计算		
2	应发工资	社保费	应纳税所得额
3	5100	561	

A. “=IF（5 100-561-5 000>0，5 100-561-5 000，0）”

B. “=IF（5 100-5 000>0，5 100-5 000，0）”

C. “=IF（5 100-561-5 000>0，0，5 100-561-5 000）”

D. “=IF（5 100-5 000>0，0，5 100-5 000）”

4. 利用 Excel 制作工资总额汇总表时，如果要对工资数据进行分类汇总，则应在“汇总方式”下拉列表中选择（　　）。

A. “计数”　　B. “求和”　　C. “平均值”　　D. “最大值”

5. 利用 Excel 数据透视表制作工资总额汇总表时，应将“应发工资”字段拖到（　　）区域。

A. “行”　　B. “列”　　C. “值”　　D. “筛选器”

二、判断题

1. 在 Excel 中使用函数计算个人所得税时，可以多层次嵌套使用 IF 函数。（　　）

2. 使用 Excel 分类汇总功能制作工资总额汇总表时，只能按“部门”项目分类汇总工资数据。（　　）

3. 利用 Excel 的分类汇总功能和数据透视表，可以将工资总额汇总表中不同类型的数

据进行汇总。 ( )

4. 利用 Excel 制作企业工资结算单时，个人所得税预扣预缴税额可以根据“本期应预扣预缴税额=(累计预扣预缴应纳税所得额×预扣率-速算扣除数)-累计减免税额-累计已预扣预缴税额”公式编辑公式计算。 ( )

5. 在 Excel 中通过数据透视表创建工资总额汇总表时，不能将“现有工作表”设为工资总额汇总表。 ( )

三、填空题

1. 使用 Excel 数据透视表制作工资总额汇总表时，可以通过不同的字段与报表筛选__________、__________、__________的组合，得到不同的工资总额汇总表。

2. 在 Excel 中使用 IF 函数计算个人所得税时，经常需要多层次嵌套使用 IF 函数，此时要注意左括号的数量要和右括号的数量__________，否则公式无法运行。

3. 在 Excel 中，可以通过编辑公式、__________等方法制作员工工资条。

4. 使用 Excel 数据透视表制作工资总额汇总表时，“值”区域的计算类型应设为__________。

四、简答题

1. 简述使用 Excel 数据透视表制作工资总额汇总表的步骤。

2. 某“工资条”工作表如下图所示，简述图中 A1 单元格公式的含义。

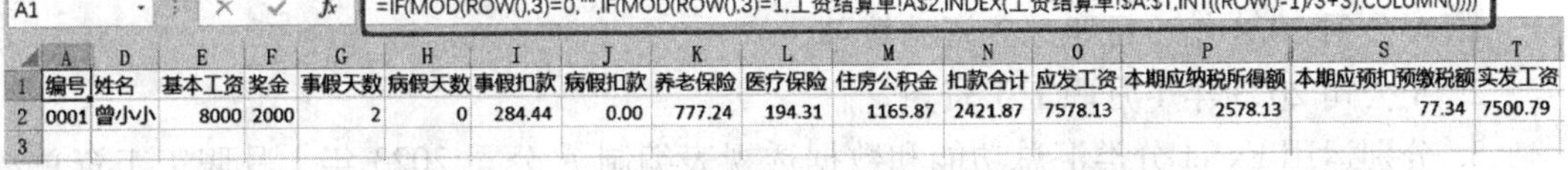

A1 =IF(MOD(ROW(),3)=0,"",IF(MOD(ROW(),3)=1,工资结算单!A$2,INDEX(工资结算单!$A:$T,INT((ROW()-1)/3+3),COLUMN())))

	A	D	E	F	G	H	I	J	K	L	M	N	O	P	S	T
1	编号	姓名	基本工资	奖金	事假天数	病假天数	事假扣款	病假扣款	养老保险	医疗保险	住房公积金	扣款合计	应发工资	本期应纳税所得额	本期应预扣预缴税额	实发工资
2	0001	曾小小	8000	2000	2	0	284.44	0.00	777.24	194.31	1165.87	2421.87	7578.13	2578.13	77.34	7500.79
3																

五、应用题

A 公司是一家小型企业，主要业务是代加工玩具。公司主要有销售部、财务部、车间 3 个部门，职工主要有销售人员、财务人员、生产人员 3 类。该公司 2023 年 1 月职工基本工资与考勤情况见下表。

A 公司 2023 年 1 月职工基本工资与考勤情况表

职工代码	职工姓名	部门	职工类别	基本工资	岗位工资	事假天数	病假天数
001	张天	销售部	销售人员	3 500	2 500	1	1
002	李名	销售部	销售人员	3 500	2 500	0	2
003	赵实	财务部	财务人员	3 500	2 000	0	4
004	钱朵	财务部	财务人员	3 500	2 000	0	2
005	孙尔	车间	生产人员	3 000	1 800	2	1
006	王明	车间	生产人员	3 000	1 800	0	3
007	刘洋	车间	生产人员	3 000	1 800	3	1
008	齐国	车间	生产人员	3 000	1 800	0	4
009	谢益	车间	生产人员	3 000	1 800	1	2
010	方芳	车间	生产人员	3 000	1 800	0	3
011	朱红	车间	生产人员	3 000	1 800	2	0
012	何平	车间	生产人员	3 000	1 800	0	0

其他工资项目发放情况如下：

奖金根据部门效益，按基本工资的一定比例发放，销售部人员、财务部人员、车间人员奖金分别为基本工资的 40%、30%和 50%。

请一天事假扣款 40 元，请一天病假扣款 20 元。

应发工资由基本工资、岗位工资、奖金的合计数减去请假扣款合计数后得出。

社会保险费按应发工资的 11%代扣。

个人所得税按现行的个人所得税税率表预扣预缴，但由于本期工资是 2023 年 1 月发放，故累计已纳税所得额和累计已预扣预缴税额均为 0。

请使用 Excel 制作以下工资管理表单：

1. A 公司 2023 年 1 月职工工资结算单。

2. A 公司 2023 年 1 月职工工资条。

3. 分别运用 Excel 分类汇总功能和数据透视表编制 A 公司 2023 年 1 月职工工资总额汇总表。

项目六 应收账款管理的 Excel 应用

一、单项选择题

1. 利用 Excel 计算逾期 0~30 天、30~60 天、60~90 天、90 天以上的应收账款未收金额时，需要用到的函数是（　　）函数。

A. SUM　　B. AND　　C. SUMIF　　D. 以上都不是

2. 在债务人应收账款金额统计表中，单击 Excel 主菜单中的“数据”，在“分级显示”选项组中单击（　　）按钮进行设置，就可显示按照债务人的应收账款金额汇总的数据。

A. “数据对比”　　B. “分类汇总”　　C. “数据验证”　　D. “冻结窗口”

3. 运用（　　）函数可以分类汇总各债务人应收账款金额。

A. SUMIF　　B. VLOOKUP　　C. IF　　D. SUM

二、判断题

1. 运用 COUNT 函数可以计算出企业应收账款表中逾期与未逾期的款项，以及应收账款的逾期天数。（　　）

2. 为了方便了解某一债务人所欠款项的总额，可利用 Excel 对各债务人的应收账款金额进行分类汇总。在分类汇总前，需要先按债务人姓名进行排序。（　　）

3. 在 Excel 中，除了可以利用工具栏的分类汇总工具对各债务人进行排序和金额汇总以外，还可以利用 SUMIF 函数获得该统计结果。（　　）

三、填空题

1. 利用 Excel 进行应收账款管理，首先要建立____________工作表，将企业现有应收账款的信息登记到该工作表中。

2. 为了更加直观地显示各债务人应收账款总额的占比，可以利用 Excel 建立__________，并运用____________函数统计各债务人应收账款金额。

3. 设计应收账款明细账的表头时，应设置的字段主要有赊销日期、债务人单位名称、____________、____________、____________。

4. 计算已经逾期应收账款的剩余未收金额时，输入公式“=IF（AND（L2-$H4>0，$L$2-$H4<=30），$D4-$F4，0）”，表示如果表中单元格 L2（当前日期）的数据大于单元格 H4（到期日）的数据且其差值小于等于 30，则说明应收账款已经逾期，会返回

______________的计算结果；如果不满足该条件，则返回“0”，表示逾期应收账款____________________。

四、简答题

1. 如何使用Excel的排序功能在应收账款明细账中统计各债务人的应收账款金额？

2. 如何使用SUMIF函数在应收账款分类明细账中计算分析现有债务人所欠款项？

五、应用题

月华公司 2022 年 11 月 30 日的应收账款资料见下表。

月华公司应收账款资料

销售日期	债务人姓名	应收账款金额（元）	付款期限（天）
2022 年 1 月 10 日	蓝红公司	20 000	50
2022 年 2 月 21 日	奇玉公司	600 000	40
2022 年 3 月 12 日	力生公司	30 000	30
2022 年 4 月 20 日	永安公司	100 000	40
2022 年 5 月 11 日	蓝红公司	20 000	35
2022 年 6 月 4 日	永安公司	30 000	30
2022 年 7 月 28 日	力生公司	15 000	30
2022 年 8 月 15 日	蓝红公司	58 000	30
2022 年 10 月 21 日	奇玉公司	16 000	30
2022 年 11 月 5 日	力生公司	50 000	25

请利用 Excel 分别计算各项应收账款的到期日，汇总统计各债务人所欠月华公司欠款总额，并制作饼形图分析各债务人欠款金额所占比重。

项目七 进销存管理的 Excel 应用

一、单项选择题

1. 利用 Excel 制作采购记录单时，“采购发票号”项目所在列的单元格应设置为（　　）格式。

A. 货币　　B. 文本　　C. 会计专业　　D. 数字

2. 利用 Excel 制作采购入库付款明细表时，为突出显示已结清货款的单元格，应使用 Excel 的（　　）功能。

A. 筛选　　B. 排序　　C. 数据验证　　D. 条件格式

3. 某 Excel 工作表单元格 F6 的公式为“=IF（C6=" "," "，VLOOKUP（C6，商品代码表!A:G，4，0））”，将该公式向下填充到单元格 F7，则单元格 F7 的公式为（　　）。

A. “=IF（C6=" "," "，VLOOKUP（C6，商品代码表!A:G，4，0））”

B. “=IF（C6=" "," "，VLOOKUP（C7，商品代码表!A:G，4，0））”

C. “=IF（C7=" "," "，VLOOKUP（C7，商品代码表!A:G，4，0））”

D. “=IF（C7=" "," "，VLOOKUP（C6，商品代码表!A:G，4，0））”

4. 使用 Excel 制作出入库单、出入库统计表和库存统计表等常见的库存管理表单时，一般要先制作下列表单中的（　　）。

A. 商品代码表　　B. 会计凭证表　　C. 会计科目表　　D. 销售统计表

二、判断题

1. 如果采购入库付款明细表的标题录入在单元格 A1，选择从单元格 A1 到 P1 的区域，将其对齐方式设为“跨列居中”，则表示从单元格 A1 到 P1 的区域是合并的。（　　）

2. 销售记录单上的某个客户的各销售商品含税金额的总和就是该客户的应收货款。（　　）

3. 销售毛利计算表上的某商品销售收入就是该商品在销售记录单上的含税金额的总和。（　　）

4. 利用 Excel 制作销售毛利计算表时，销售毛利所在单元格公式可设置为等于销售收入所在单元格数据减去销售成本所在单元格数据。（　　）

三、填空题

1. 利用 Excel 制作库存统计表时，某商品期末成本金额应等于期初库存成本金额加上

____________成本金额，再减去____________成本金额。

2. 利用 Excel 制作采购付款业务统计表时，可以使用__________函数统计某供应商已付货款。

3. 在销售毛利计算表中，如果某商品某月销售收入所在单元格为 D3，销售成本所在单元格为 E3，销售毛利所在单元格为 F3，则该商品销售毛利率所在单元格的计算公式应设置为____________。

4. 利用 Excel 制作库存统计表时，“本期出库”栏的金额应以____________为数据来源。

四、简答题

1. 简述利用 Excel 制作库存统计表的主要步骤。

2. 简述利用 Excel 制作销售收款业务统计表的主要步骤。

五、应用题

某公司采购入库付款明细表如下图所示。请以此表数据为基础，分别利用 Excel 函数和数据透视表制作采购付款业务统计表。

	A	E	K	L	M	N	O	P
1	采购入库付款明细表							
2	采购日期	物料名称	无税金额	含税金额	交货日期	交货数量	已付货款	未付货款
3	2020-8-3	壶体	12000.00	13560.00	2020-8-3	400	13560.00	0.00
4	2020-8-3	壶体	20400.00	23052.00	2020-8-3	400	23052.00	0.00
5	2020-8-3	壶盖	8000.00	9040.00	2020-8-3	800	9040.00	0.00
6	2020-8-4	底盘	8000.00	9040.00	2020-8-4	800		9040.00
7	2020-8-4	底座	16000.00	18080.00	2020-8-4	800		18080.00
8	2020-8-4	辅件	15200.00	17176.00	2020-8-4	800		17176.00

项目八　固定资产管理的 Excel 应用

一、单项选择题

1. 在 Excel 中可利用（　　）函数，采用双倍余额递减法计算固定资产折旧。

A. SLN　　B. DDB　　C. SYD　　D. VDB

2. 在 Excel 中编辑公式计算固定资产折旧时，不会涉及下列选项中的（　　）。

A. 固定资产规格　　B. 固定资产原值

C. 固定资产预计使用年限　　D. 固定资产净残值

3. 采用工作量法计算固定资产折旧时，可以用（　　）函数进行计算。

A. SLN　　B. DDB　　C. SYD　　D. VDB

4. 某公司购入一台价值 100 万元的设备，计划可使用 10 年，预计净残值为 1 万元。如果要用年数总和法在 Excel 中求出该设备第 5 年的折旧额，则正确的公式是（　　）。

A. “=SYD（1 000 000，10 000，5，10）”

B. “=SYD（1 000 000，10 000，10，5）”

C. “=DDB（1 000 000，10 000，10，5）”

D. “=VDB（1 000 000，10 000，10，5）”

5. VDB 函数可返回指定期间的资产折旧值，其语法是 VDB（cost，salvage，life，start_period，end_period，factor，no_switch），其中参数 start_period 是指（　　）。

A. 固定资产的折旧周期　　B. 折旧计算的截止期间

C. 折旧计算的起始期间　　D. 资产在折旧期末的价值

二、判断题

1. 在 DDB（cost，salvage，life，period，factor）中，period 必须和 life 单位一致。（　　）

2. 在 Excel 中使用双倍余额递减法计算固定资产折旧时，可以利用 DDB 函数计算本期折旧，最后两年再利用 SLN 函数计算折旧。（　　）

3. 使用 Excel 制作固定资产卡片时，可利用 SLN 函数计算某项资产在一个期间的线性折旧值。（　　）

4. 在 DDB（cost，salvage，life，period，factor）中，factor 参数可省略不写。（　　）

三、填空题

1. 在 SLN（cost，salvage，life）中，cost 表示__________。

2. 使用双倍余额递减法计算固定资产折旧时，可利用__________函数计算累计折旧。

3. 使用年数总和法计算固定资产折旧时，可利用__________函数计算本期折旧。

4. 在 DDB（cost，salvage，life，period，factor）中，salvage 表示固定资产的净残值。不管固定资产有无残值，此参数皆可填__________。

5. 某企业一设备原值为 20 万元，净残值为 2 万元，使用寿命为 10 年，使用年限平均法计算折旧，可编辑 Excel 公式______________________求出该设备每月折旧。

四、简答题

1. 某公司固定资产增加方式包括自建、购入、投资和调拨，在用 Excel 制作固定资产卡片时，如何利用“数据验证”功能对“增加方式”项目设置数据验证？

2. 简述计算固定资产折旧时常用的 VDB 函数的作用及语法。

五、应用题

1. 某公司于 2023 年 6 月购入一栋办公楼，该楼预计使用年限为 50 年，原值为 1 200 万元，净残值率为 2%，采用年限平均法计算折旧，如下图所示。

	A	B
1	办公楼	
2	资产原值	12000000
3	净残值率	2%
4	使用年限	50
5	月折旧额	

请使用 Excel 函数，在图中 B5 单元格计算出该办公楼的月折旧额。

2. 某公司 2023 年 1 月购入一台推土机，原值为 16 万元，预计使用年限为 8 年，净残值率为 5%，采用双倍余额递减法计算折旧，如下图所示。

	A	B
1	推土机	
2	资产原值	160000
3	净残值率	5%
4	使用年限	8
5	第一年折旧额	

请使用 Excel 函数，在图中 B5 单元格计算出该推土机第一年的折旧额。

3. 某公司于2019年1月购入一台计算机，原值为11 000元，净残值率为1%，预计使用年限为5年，采用年数总和法计算折旧，如下图所示。

	A	B
1	计算机	
2	资产原值	11000
3	净残值率	1%
4	使用年限	5
5	2023年折旧额	

请使用Excel函数，在图中B5单元格计算出该计算机2023年的折旧额。

4. A公司是一家小型工厂，主要业务是代加工玩具，该公司2023年2月20日固定资产基本资料见下表。

A公司2023年2月20日固定资产基本资料

编号	固定资产名称	规格型号	使用部门	使用状况	增加方式	开始使用日期	原值（元）	预计使用年限（年）	预计净残值率	折旧方法
1	厂房	40万平方米	车间	在用	自建	2020/2/20	20 000 000	50	2%	年限平均法
2	仓库	10万平方米	车间	在用	自建	2020/2/20	6 000 000	20	2%	年限平均法
3	大货车	一汽3.5吨	车间	在用	购入	2020/10/25	300 000	8	4%	年限平均法
4	小轿车	红旗	销售部	在用	购入	2020/4/22	200 000	6	4%	年限平均法
5	生产线1号	小型	车间	在用	购入	2020/3/10	1 000 000	10	5%	年限平均法
6	生产线2号	大型	车间	在用	购入	2021/10/10	3 000 000	15	5%	年限平均法
7	中央空调	格力	车间	在用	购入	2022/12/10	500 000	6	1%	年限平均法
8	计算机	联想	销售部	在用	购入	2021/10/12	8 000	5	1%	双倍余额递减法
9	计算机	华为	财务部	在用	购入	2022/10/12	10 000	6	1%	双倍余额递减法
10	打印机	惠普	财务部	在用	购入	2022/10/12	6 800	4	1%	年数总和法

请用Excel制作A公司2023年2月20日的固定资产卡片，并计算出各项固定资产的当月折旧额。

项目九　会计报表的 Excel 应用

一、单项选择题

1. 使用 Excel 制作资产负债表时，报表项目的期末余额数据来源于前面已编制的（　　）。

A. 会计科目表　　B. 会计凭证表　　C. 科目余额表　　D. 科目汇总表

2. 使用 Excel 制作资产负债表时，报表的“合计”项目不可以通过 Excel 的（　　）设置。

A. 单元格公式　　B. SUM 函数　　C. 数据透视表　　D. VLOOKUP 函数

3. 广州嘉恒有限公司 2020 年 10 月 31 日的科目余额表如下图所示，利用 Excel 制作当月资产负债表时，“货币资金”项目的期末余额计算公式应设为（　　）。

	A	B	C	D
1	科目余额表			
2	编制单位	广州嘉恒有限公司	2020年10月31日	单位：元
3	科目编码	会计科目	期末余额	
4			借方	贷方
5	1001	库存现金	3410	0
6	1002	银行存款	945853	0
7	1012	其他货币资金	0	0
8	1122	应收账款	0	0
9	1123	预付账款	690	0
10	1221	其他应收款	3200	0
11	1231	坏账准备	0	0
12	1402	在途物资	0	0
13	1403	原材料	34000	0
14	1405	库存商品	54000	0
15	1601	固定资产	166400	0
16	1602	累计折旧	0	15000
28	5001	生产成本	0	0
29	5101	制造费用	0	0

科目余额表

A. “=科目余额表!C5+科目余额表!C6+科目余额表!C7”

B. “=科目余额表!C5+科目余额表!C6”

C. “=科目余额表!C5”

D. “=C5+C6+C7”

4. 接上题，利用 Excel 制作当月资产负债表时，“存货”项目的期末余额计算公式应设为（　　）。

A. “=科目余额表!C12+科目余额表!C13”

B. “=科目余额表!C12+科目余额表!C13+科目余额表!C14”

C. “=科目余额表!C12+科目余额表!C13+科目余额表!C14+科目余额表!C28+科目余额表!C29”

D. “=科目余额表!C12+科目余额表!C13+科目余额表!C14+科目余额表!C29”

二、判断题

1. 利用 Excel 制作资产负债表时，“未分配利润”项目期末数应根据已编制的科目余额表“利润分配”和“本年利润”科目的期末余额数据计算填列。 （ ）

2. 某科目余额表中的“应付利息”科目的期末贷方余额所在单元格为 D7，则当月资产负债表“应付利息”项目期末余额的计算公式应设为“=科目余额表! D7”。 （ ）

3. 某科目余额表中的“应收账款”科目的期末借方余额所在单元格为 C8，则当月资产负债表“应收账款”项目期末余额的计算公式应设为“=科目余额表! C8”。 （ ）

4. 利用 Excel 制作资产负债表时，若表中的“制作日期”正好是制表当天，则可以在对应单元格使用快捷键“CTRL+;”生成日期。 （ ）

5. 利用 Excel 制作现金流量表时，主要以现金流量项目记账凭证表的数据为依据，运用 SUMIF 函数和 Excel 的其他功能编制现金流量表。 （ ）

三、填空题

1. 如果要将 Excel 工作簿里的某一工作表不显示，可以用鼠标右键单击该工作表标签，然后单击__________。

2. 使用 Excel 打印利润表时，可以在主菜单中单击__________，设置打印区域。

3. 如果多个会计报表分别在一个 Excel 工作簿中的多个工作表中，要分页打印这些会计报表，可以按住__________键并依次单击各个工作表的标签进行操作。

四、简答题

1. 简述使用 Excel 制作利润表的主要步骤。

2. 简述使用 Excel 制作现金流量表的主要步骤。

五、应用题

下图是同一 Excel 工作簿中已编制好的多个会计报表的标签栏。

请写出在一页纸中打印图中多个会计报表的操作步骤。

项目十　合同台账管理的 Excel 应用

一、单项选择题

1. 下图是一张采购合同台账记录表。在使用 Excel 的数据验证功能对“是否付款”项目进行设置时，应在“数据验证”对话框单击“设置”选项卡，在“允许”下拉列表中选择“序列”，然后在（　　）编辑框中填入“是,否”，即显示图中结果。

	A	B	C	D	E	F	G	H	I	J	K
1	采购合同台账记录表										
2	编制单位：								日期：	2020/11/30	
3	序号	经办人	合同签订时间	合同编号	合同名称	供应商名称	主要采购物品	合同金额	是否付款	付款方式	备注
4											
5									是		
6									否		
7											
8											
9											
10											

A. “数据”　　B. “自定义”

C. “序列”　　D. “来源”

2. 某项目合同台账记录表如下图所示。在使用 Excel 的数据验证功能对“收款”项目进行设置时，应在“数据验证”对话框单击“设置”选项卡，在“允许”下拉列表中选择（　　），然后在“来源”编辑框中填入“√”，即显示图中结果。

J5

	A	B	C	D	E	F	G	H	I	J	K	L	M	N	O	P	Q	R	S	T
1	项目合同台账记录表																			
2	编制单位：															日期：				
3	序号	合同编号	项目名称简称	合同名称	合同内容	合同方名称	类别	合同金额		款项执行		发票执行		执行差异				付款方式	备注	项目公司
4								销售合同额	采购合同额	收款	付款	开发票	收发票	未收款	未付款	未开票	未收票			
5		XM-2020-01																		
6		XM-2020-02								√										
7		XM-2020-03																		
8																				
9																				
10																				

项目合同管理台账

A. “文本长度”　　B. “序列”

C. “任何值”　　D. “时间”

3. 下图是一张员工劳动合同台账记录表。选中单元格 I4，输入公式（　　），即可根据当前日期自动计算员工年龄。

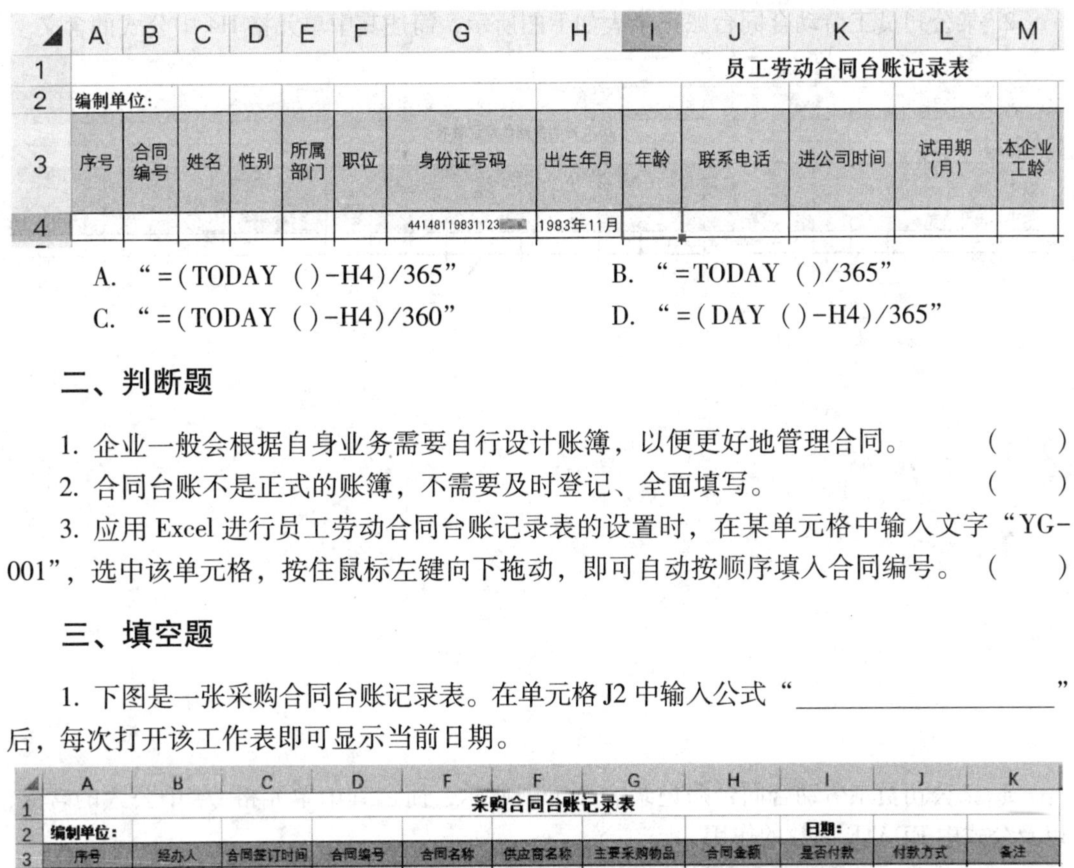

	A	B	C	D	E	F	G	H	I	J	K	L	M
1	员工劳动合同台账记录表												
2	编制单位:												
3	序号	合同编号	姓名	性别	所属部门	职位	身份证号码	出生年月	年龄	联系电话	进公司时间	试用期（月）	本企业工龄
4							44148119831123	1983年11月					

A. “=(TODAY ()-H4)/365”　　B. “=TODAY ()/365”

C. “=(TODAY ()-H4)/360”　　D. “=(DAY ()-H4)/365”

二、判断题

1. 企业一般会根据自身业务需要自行设计账簿，以便更好地管理合同。（　　）

2. 合同台账不是正式的账簿，不需要及时登记、全面填写。（　　）

3. 应用 Excel 进行员工劳动合同台账记录表的设置时，在某单元格中输入文字“YG-001”，选中该单元格，按住鼠标左键向下拖动，即可自动按顺序填入合同编号。（　　）

三、填空题

1. 下图是一张采购合同台账记录表。在单元格 J2 中输入公式“____________________”后，每次打开该工作表即可显示当前日期。

	A	B	C	D	F	F	G	H	I	J	K
1	采购合同台账记录表										
2	编制单位:								日期:		
3	序号	经办人	合同签订时间	合同编号	合同名称	供应商名称	主要采购物品	合同金额	是否付款	付款方式	备注

2. 在员工劳动合同管理台账中应用 Excel 功能进行单元格设置时，输入公式“____________________”，即可根据身份证号码自动获取“出生年月”项目的数据。

四、简答题

1. 简述如何使用 Excel 制作采购合同台账记录表。

2. 某公司员工劳动合同台账记录表如下图所示，简述其中单元格 H4 中公式的含义。

H4   =MID(G4,7,4)&"年"&MID(G4,11,2)&"月"

	A	B	C	D	E	F	G	H	I	J	K	L	M	N	O	P	Q	R	S
1	员工劳动合同台账记录表																		
2	编制单位：																日期：		
3	序号	合同编号	姓名	性别	所属部门	职位	身份证号码	出生年月	年龄	联系电话	进公司时间	试用期（月）	本企业工龄	合同起始	合同期限（年）	合同终止	合同提示	转正时间	备注
4		YG-0001					44148119801020	1980年10月											

3. 某公司员工劳动合同台账记录表如下图所示，简述其中单元格 Q4 中公式的含义，以及公式中 EDATE 函数的作用。

Q4   =IF(EDATE(N4,O4*12)-TODAY()<0,"合同到期","合同未到期")

	A	B	C	D	E	F	G	H	I	J	K	L	M	N	O	P	Q	R	S
1	员工劳动合同台账记录表																		
2	编制单位：																日期：		
3	序号	合同编号	姓名	性别	所属部门	职位	身份证号码	出生年月	年龄	联系电话	进公司时间	试用期（月）	本企业工龄	合同起始	合同期限（年）	合同终止	合同提示	转正时间	备注
4														2020-01-01	5		合同未到期		

五、应用题

某公司销售合同台账记录表如下图所示，该公司结算方式包括汇票、本票、支票、现金、转账、信用卡，请用 Excel 进行设置，实现图中“结算方式”下拉列表的设置效果。

	A	B	C	D	E	F	G	H	I	J	K	L
1						销售合同台账记录表						
2	编制单位：								日期：	2020/11/30		
3	序号	客户经理	合同编号	客户简称	交货日期	结算方式	主要销售物品	规格型号	订货单价	是否收款	备注	
4			XS-2020-01									
5			XS-2020-02									
6			XS-2020-03									
7												
8												
9												
10												
11												
12												

下拉列表：汇票 本票 支票 现金 转账 信用卡

销售合同管理台账

项目十一　财务分析的 Excel 应用

一、单项选择题

1. 下列关于 Excel 数据引用的表述，不正确的是（　　）。

A. 跨工作表引用默认的单元格是绝对引用

B. 单元格区域定义名称后，引用该单元格区域名称是绝对引用

C. 在填充公式前，需要先判断单元格是相对引用还是绝对引用

D. 绝对引用下，公式中的单元格不会随公式移动而移动

2. 在某营业收入趋势分析表中，单元格 C4 的公式为"=C3- B3"。将该单元格的公式向右填充到单元格 D4，则单元格 D4 的公式为（　　）。

A. "=C4- B3"　　B. "=C4-B3"　　C. "=D3- B3"　　D. "=D4- B3"

3. 下图显示的 Excel 分析图类型是（　　）。

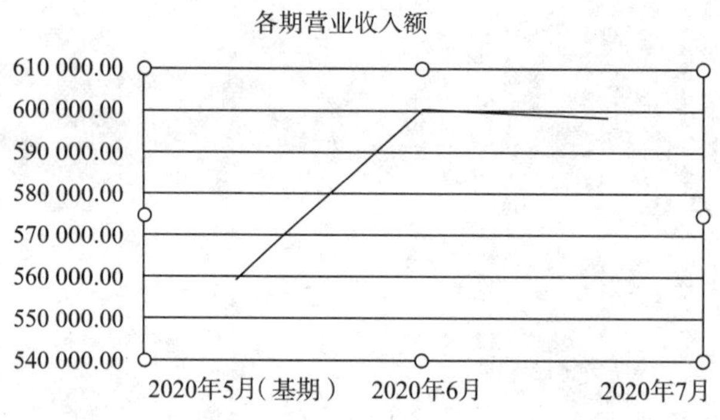

A. 条形图　　B. 折线图　　C. 树状图　　D. 点状图

4. 某营业收入趋势分析表如下图所示。若以 2020 年 5 月的营业收入额为基数，采用定比分析法，则 2020 年 7 月营业收入与基期的差额百分比计算公式为（　　）。

	A	B	C	D
1	营业收入趋势分析表			
2	项目	2020年5月	2020年6月	2020年7月
3	各期营业收入额	560,000.00	600,000.00	598,500.00

A. "=(D3- B3)/ B3"　　B. "=D3/ B3"

C. "=(D3- C3)/ C3"　　D. "=D3/ C3"

二、判断题

1. 使用 Excel 制作营业收入趋势分析表时，运用数据分析工具图表可以直观地表现枯燥的数据信息，反映财务数据的走向，便于用户分析。（　　）

2. 在 Excel 工作表中，如未特别设置格式，则单元格的文字数据会自动居中对齐。（　　）

3. 在财务比率比较分析表中，如果只想显示某单元格的计算公式而不是计算结果，可以在所在工作表中点击菜单栏“公式”下的“显示公式”。（　　）

三、填空题

1. 在某财务比率比较分析表中，若单元格 D3 的计算公式为“=C3-B3”，将该单元格公式向下填充到单元格 D4，则单元格 D4 的公式为__________________。

2. 某利润表中，营业收入、营业利润、净利润对应的单元格分别为 B4、B15、B20，则在制作财务比率比较分析表时，营业利润率所在单元格的公式应为_________________。

3. 在某财务比率分析表中，某单元格公式是“=A1+A2+A3+B1”，该公式如果用 Excel 函数表示，可写作____________。

四、简答题

1. 简述使用 Excel 制作财务状况比较分析表的步骤。

2. 简述使用 Excel 制作财务状况综合分析表的步骤。

五、应用题

嘉华有限公司资产负债表和利润表如下图所示，请使用 Excel 制作嘉华有限公司杜邦分析表（杜邦分析表的结构应与配套教材中的结构一致）。

	A	B	C	D	E	F
1	资产负债表					
2	编制单位：嘉华有限公司		日期	2020-12-31	单位：元	
3	资产	期末数	年初数	负债和所有者权益	期末数	年初数
4	流动资产：			流动负债：		
5	货币资金	909,263.00	302,900.00	短期借款	20,000.00	20,000.00
6	交易性金融资产			应付票据	2,500.00	
7	应收票据			应付账款		
8	应收股利			预收款项	50,000.00	
9	应收账款		200,000.00	应付职工薪酬	70,000.00	
10	其他应收款	3,200.00		应付利息		400.00
11	预付款项	690.00		应交税费	125,028.00	177,500.00
12	应收补贴款			应付股利		
13	存货	85,000.00	230,000.00	交易性金融负债		
14	一年内到期的非流动资产			一年内到期的非流动负债		
15	其他流动资产			其他流动负债		
16	流动资产合计	998,153.00	732,900.00	流动负债合计	267,528.00	197,900.00
17	非流动资产：			非流动负债：		
18	长期股权投资			长期借款		
19	其他权益工具投资			应付债券		
20	投资性房地产			长期应付款		
21	债权投资			其他长期负债		
22	固定资产	130,400.00	90,000.00	预计负债		
23	在建工程			其他非流动负债		
24	工程物资			非流动负债合计		
25	固定资产清理			负债合计	267,528.00	197,900.00
26	生产性生物资产			所有者权益：		
27	油气资产			实收资本	400,000.00	400,000.00
28	无形资产			资本公积	15,000.00	15,000.00
29	开发支出			减：库存股		
30	长期待摊费用			盈余公积	20,000.00	20,000.00
31	其他非流动资产			未分配利润	426,025.00	190,000.00
32	非流动资产合计	130,400.00	90,000.00	所有者权益合计	861,025.00	625,000.00
33	资产合计	1,128,553.00	822,900.00	负债和所有者权益合计	1,128,553.00	822,900.00

资产负债表　利润表

	A	B	C
1	利润表		
2	编制单位： 嘉华有限公司	2020年12月	
3	项目	本年发生额	上年发生额
4	一、营业收入	556, 400. 00	500000.00
5	减：营业成本	220, 000. 00	250000.00
6	税金及附加		
7	销售费用	2, 500. 00	10000.00
8	管理费用	20, 000. 00	25000.00
9	财务费用	200. 00	200.00
10	加：投资收益（损失以“-”号填列）		
11	公允价值变动收益（损失以“-”号填列）		
12	信用减值损失（损失以“-”号填列）		
13	资产减值损失（损失以“-”号填列）		
14	资产处置收益（损失以“-”号填列）		
15	二、营业利润	313, 700. 00	214800. 00
16	加：营业外收入	1, 000. 00	
17	减：营业外支出		
18	三、利润总额	314, 700. 00	214800. 00
19	减：所得税费用	78, 675. 00	53700. 00
20	四、净利润	236, 025. 00	161100. 00
21			

资产负债表 利润表

项目十二　发票管理与费用管理的 Excel 应用

一、单项选择题

1. 要达到下图所示的格式效果，应该在 Excel 的“对齐方式”选项组中单击（　　）按钮。

A. “跨越后合并”　B. “合并单元格”　C. “合并后居中”　D. “居中”

2. 如果要美化发票管理台账，改变工作表标签颜色，应当（　　）。

A. 用鼠标左键单击工作表标签

B. 用鼠标右键单击工作表标签

C. 用鼠标右键单击主菜单中的“开始”

D. 用鼠标左键双击工作表标签

二、判断题

1. 会计部门应根据企业管理费用明细账编报管理费用计划表，每月编报一次，所应提供的指标包括企业管理费用各个项目的计划数额和实际发生额。（　　）

2. 在制作各项费用管理表格时，除了字体、边框、合并居中等基本表格设置外还可以对表格设置计算公式，方便数据统计。（　　）

三、填空题

1. 发票是单位和个人在购销商品、提供或接受服务以及从事其他经营活动中，所开具和收取的业务凭证，是会计核算的__________。

2. 某发票管理台账如下图所示，设置日期时，应使用________函数显示当前日期。

	A	B	C	D	E
1					发票管理台账
2	编制单位：			日期：	
3	序号	开票日期	付款方	开票单位	开票内容

四、简答题

1. 某公司发票管理台账如下图所示，简述该台账的制作步骤。

发票管理台账											
编制单位:				日期:							
序号	开票日期	付款方	开票单位	开票内容	发票编号	张数	金额	对应收据	对应合同	是否入账	备注

2. 某公司管理费用计划表如下图所示，简述该计划表的制作步骤。

管理费用计划表														
单位类别			年度								单位:	元		
科目明细	年实际发生数	年费用额	各月费用拟定数											
			一月	二月	三月	四月	五月	六月	七月	八月	九月	十月	十一月	十二月
用人费用	0.00	0.00	0.00	0.00	0.00	0.00	0.00	0.00	0.00	0.00	0.00	0.00	0.00	0.00
间接人工														
训练及服装费														
设备费用	0.00	0.00	0.00	0.00	0.00	0.00	0.00	0.00	0.00	0.00	0.00	0.00	0.00	0.00
折旧														
维修费														
保险费														
税捐														
租金支出														
事务费用	0.00	0.00	0.00	0.00	0.00	0.00	0.00	0.00	0.00	0.00	0.00	0.00	0.00	0.00
招待费														
通信费														
交通费														
书报杂志费														
差旅费														
伙食费														
医药费														
水电费														
运费														
其他费用	0.00	0.00	0.00	0.00	0.00	0.00	0.00	0.00	0.00	0.00	0.00	0.00	0.00	0.00
劳务报酬														
自由捐赠														
各项摊提														
总管理处分摊费用														
合计	0.00	0.00	0.00	0.00	0.00	0.00	0.00	0.00	0.00	0.00	0.00	0.00	0.00	0.00

3. 某公司费用支出记录表如下图所示，简述该记录表的制作步骤。

费用支出记录表							
序号	月	日	费用类别	产生部门	支出金额	摘要	负责人
001	1	1	办公费	行政部	¥ 1,200.00	办公用品采购	吕一
002	1	1	招聘培训费	人事部	¥ 650.00	人员招聘	方文
003	1	2	福利	行政部	¥ 4,800.00	元旦购买福利品	吕一
004	1	2	餐饮费	人事部	¥ 800.00		方文
005	1	6	业务拓展费	企划部	¥ 1,500.00	展位费	杨怡
006	1	6	差旅费	企划部	¥ 587.00	袁鸿飞出差青岛	杨怡
007	1	9	招聘培训费	人事部	¥ 450.00	培训教材	方文
008	1	9	通信费	销售部	¥ 258.00	快递	李丽
009	1	13	业务拓展费	企划部	¥ 2,680.00	公交站广告	杨怡
010	1	13	通信费	行政部	¥ 2,675.00	固定电话费	吕一
011	1	13	外加工费	企划部	¥ 32,000.00	支付包装袋货款	杨怡
012	1	16	餐饮费	销售部	¥ 650.00		李丽
013	1	16	通信费	行政部	¥ 20.00	EMS	吕一
014	1	19	会务费	行政部	¥ 2,800.00	研发交流会	吕一
015	1	19	交通费	销售部	¥ 500.00		李丽
016	1	23	差旅费	销售部	¥ 700.00	刘洋出差威海	李丽
017	1	23	交通费	销售部	¥ 165.00		李丽
018	1	23	会务费	企划部	¥ 5,000.00		杨怡
019	1	28	餐饮费	销售部	¥ 650.00	瑞景科技客户	李丽
020	1	28	办公费	行政部	¥ 500.00		吕一

项目十三　货币时间价值计算的 Excel 应用

一、单项选择题

1. 某公司有一张带息期票，面额为 1 200 元，票面利率为 4%，出票日期为 2023 年 6 月 15 日，当年 8 月 14 日到期（共 60 天）。在 Excel 中输入公式（　　），即可得出到期时的利息。

A. “=1 200 * 4% * 60/365”　　B. “=1 200 * 4% * 60”
C. “=1 200 * 4% * 60/360”　　D. “=1 200 * 4%/360”

2. 某公司计划投资 1 000 万元于某项目，期限为 3 年，年收益率为 8%，每年复利计息一次。在 Excel 中输入公式（　　），即可得出复利利息。

A. “=1 000 * (1+8%)^3-1 000”　　B. “=1 000 * (1+8%)^-3-1 000”
C. “=1 000 * (1+8%)^3+1 000”　　D. “=1 000 * (1+8%)^-3+1 000”

3. 某公司拟设立一项基金，每年年初投入 1 000 万元。假设银行存款年利率为 8%，在 Excel 中输入公式（　　），即可得出 5 年后该项基金的本利和。

A. “=1 000 * (1+8%)^5”　　B. “=1 000 * (1+8%) * 5”
C. “=1 000 * 8% * 5”　　D. “=1 000 * 8%^5”

二、判断题

1. 某公司拟于 2023 年 4 月 1 日发行面值为 1 000 元的债券，票面利率为 5%，每年 4 月 1 日计息并支付一次利息，5 年后的 3 月 31 日到期。市场利率为 6%。在 Excel 中输入公式“=PV(6%，5，-50，-1 000，0)”，可以得出该债券的发行价格。（　　）

2. 在 FV(rate，nper，pmt，[pv]，[type]）中，pmt 表示各期收入金额。（　　）

3. 某人拟分期付款购物，5 年内每年年初付款 500 元。假设银行存款年利率为 10%，该项分期付款相当于现在一次性以现金支付 2 085 元。（　　）

三、填空题

1. 某公司计划 5 年后投资 500 万元于某项目。假设银行存款年利率为 8%，每年复利计息一次。根据复利现值的计算公式，在 Excel 中输入公式____________，即可算出该公司现在应该在银行存入的资金数。

2. 在 PV(rate，nper，pmt，[fv]，[type]）中，nper 表示________或________。

四、应用题

1. 曾晓拟购买一套住房，开发商提出两种方案供其选择。方案一，现在一次性付款90万元；方案二，从现在起每年年末付款20万元，连续付5年。若目前的银行存款年利率是7%，请用Excel相关函数计算并判断曾晓应选择哪种方案。

2. 黄达拟购买一辆价值35万元的轿车，计划用本息等额偿还的方式向某银行申请20万元的三年期贷款。该银行一至五年（含五年）贷款年利率为4.75%，五年以上贷款年利率为4.90%，请用Excel函数计算黄达每个月应该偿还的本息数额。

3. 某公司正在研究一项财务计划，该计划涉及公司未来三年的活动，需要预测利息费用及相应的税金。该公司目前主要的债务是一项分期偿还的房地产抵押贷款，贷款额为600 000元，年利率为8%，按月付息，偿还期为25年。根据与银行签订的贷款条款，这笔抵押贷款的月利率按下式计算：

$$月利率=\left(1+\frac{r}{2}\right)\hat{}(1/4)-1$$

其中，r为年利率。

（1）根据Excel函数计算月利率、抵押贷款的月偿还额。

（2）使用Excel计算利率分别为9%、10%、11%时的每月贷款偿还额。

项目十四　资本成本计算的 Excel 应用

一、单项选择题

1. 某公司一笔长期借款的有关情况如下图所示，在单元格 B5 中输入公式（　　），即可算出该笔借款的资本成本率。

	A	B
1	长期借款资本成本率	
2	长期借款利率	8%
3	所得税税率	25%
4	长期借款筹资费用率	0.30%
5	长期借款资本成本率	

A. "=B4＊(1-B3)/(1-B2)"

B. "=B2＊(1-B3)/(1-B4)"

C. "=B2＊(1-B3)"

D. "=B4＊(1-B3)"

2. 某公司准备发行 10 年期长期债券，具体情况如下图所示。在单元格 B7 中输入公式（　　），即可得出该债券的资本成本率。

	A	B	C	D	E
1	长期债券资本成本率				
2	发行总面值（万元）	1,000			
3	发行价格（万元）	1,100			
4	票面利率	8%			
5	筹资费用率	3%			
6	所得税税率	25%			
7	长期债券资本成本率				

A. "=B2＊B4＊(1+B5)/(B3＊(1-B6))"

B. "=B2＊B4＊(1+B5)/(B3＊(1+B6))"

C. "=B2＊B4＊(1-B5)/(B3＊(1+B6))"

D. "=B2＊B4＊(1-B5)/(B3＊(1-B6))"

3. 某公司资本结构如下图所示，在单元格 B7 中输入公式（　　），即可得出该公司的综合资本成本率。

	A	B	C	D	E
1	筹资方式	金额（万元）	权重	个别资本成本率	权重*个别资本成本率
2	长期借款	1600	0.2	6%	1.20%
3	长期债券	2400	0.3	7%	2.10%
4	普通股	3200	0.4	9%	3.60%
5	留存收益	800	0.1	8%	0.80%
6	总资金	8000			
7	综合资本成本率				

A. “=SUM(E2：E5)”　　B. “=SUMIF(E2：E5)”

C. “=COUNT(E2：E5)”　　D. “=SUMPRODUCT(E2：E5)”

4. 某公司拟按面值发行优先股 1 万股，有关信息如下图所示。

	A	B
1	优先股资本成本率	
2	优先股每股发行价（元）	100
3	优先股股息率	6%
4	优先股每股面值（元）	100
5	筹资费用率	4%
6	优先股资本成本率	

在单元格 B6 中输入公式（　　），即可得出该优先股的资本成本率。

A. “=B4＊B3/(B2＊(1+B5))”　　B. “=B4＊B3/(B2＊(1−B5))”

C. “=B4＊B3/B2＊(1−B5)”　　D. “=B4＊B3/(B2/(1+B5))”

5. 某公司拟发行一批普通股，有关信息如下图所示。

	A	B
1	普通股资本成本率	
2	每股发放的上年股利（元）	0.60
3	普通股每股市价（元）	10
4	普通股股利年增长率	5%
5	筹资费用率	4%
6	普通股资本成本率	

在单元格 B6 中输入公式（　　），即可得出该普通股的资本成本率。

A. “=B2＊(1+B4)/(B3＊(1+B5))+B4”

B. “=B2＊(1−B4)/(B3＊(1−B5))+B4”

C. “=B2＊(1+B4)/(B3＊(1−B5))+B4”

D. “=B2＊(1−B4)/(B3＊(1+B5))+B4”

二、判断题

1. 在 PMT(rate，nper，pv，[fv]，[type]) 中，fv 表示本金。（　）

2. 利用 Excel 计算综合资本成本率时，最快捷的方法是使用 SUMPRODUCT 函数。（　）

3. 公式“=SUMPRODUCT(D4：D7，E4：E7)/D8”是一个用来确定最优资本结构的公式，如果式中的“D4：D7”表示筹资金额，那么“E4：E7”应该是表示个别资本成本率。（　）

三、填空题

1. 某公司拟发行一批普通股，有关信息如下图所示。

	A	B
1	普通股资本成本率	
2	无风险利率	2.50%
3	普通股β系数	1.50
4	证券市场平均报酬率	8.50%
5	普通股资本成本率	

在单元格 B5 中输入公式________，即可得出该普通股的资本成本率。

2. 某公司拟发行一批普通股，有关信息如下图所示。

	A	B
1	留存收益资本成本率	
2	每股发放的上年股利（元）	0.60
3	普通股每股市价（元）	10.00
4	普通股股利年增长率	5%
5	留存收益资本成本率	

在单元格 B5 中输入公式________，即可得出留存收益资本成本率。

3. 某公司欲筹资 1 000 万元，有 3 种方案可供选择，具体如下图所示。根据计算结果，最佳筹资方案是________。

	A	B	C	D	E	F	G
1	最优资本结构选择						
2	筹资方式	方案一		方案二		方案三	
3		筹资金额（万元）	个别资本成本率	筹资金额（万元）	个别资本成本率	筹资金额（万元）	个别资本成本率
4	长期借款	10	6%	10	7%	20	7%
5	长期债券	20	7%	30	8%	40	9%
6	普通股	10	9%	10	12%	10	10%
7	留存收益	60	8%	50	10%	30	12%
8	总资金	100		100		100	
9	综合资本成本率						

四、简答题

1. 简述资本成本计算中常用的 IPMT 函数的作用和语法。

2. 简述资本成本计算中常用的 PPMT 函数的作用和语法。

五、应用题

1. 某公司拟筹资 100 万元，具体情况见下表。

某公司筹资有关资料

筹资方式	金额（万元）	权重	资本成本率
借入长期借款	10	0. 1	8%
发行长期债券	20	0. 2	11%
发行普通股	30	0. 3	14%
留存收益筹资	40	0. 4	13%
合计	100		

请用 Excel 函数计算该公司的综合资本成本率。

2. 某上市公司当期年股利额为每股 0. 60 元，普通股每股市价为 10. 00 元，普通股股利年增长率为 5%。请用 Excel 函数计算该公司的留存收益资本成本率。

3. 某公司资本结构选择方案如下图所示。

	A	B	C	D	E	F	G
1	**最优资本结构选择**						
2	筹资方式	方案一		方案二		方案三	
3		金额（万元）	个别资本成本率	金额（万元）	个别资本成本率	金额（万元）	个别资本成本率
4	长期借款	100	6%	100	7%	200	7%
5	长期债券	200	7%	300	8%	400	9%
6	普通股	100	9%	100	10%	100	10%
7	留存收益	600	8%	500	11%	300	12%
8	总资金	1000		1000		1000	
9	综合资本成本率						

（1）如何使用 SUMPRODUCT 函数确定最佳筹资方案？请简述具体操作步骤。

（2）使用 Excel 函数计算出各方案的资本成本率。

（3）根据计算结果，应该如何选择最优方案？

项目十五　项目投资评价基本指标计算的 Excel 应用

一、单项选择题

1. 通过计算净现值评价某一项目的可行性，可利用 Excel 中的（　　）函数。
   A. PI　　B. DDB　　C. IRR　　D. NPV
2. 通过计算现值评价某一项目的可行性，可利用 Excel 中的（　　）函数。
   A. PI　　B. NPV　　C. IRR　　D. DDB

二、判断题

1. Excel 专门设有净现值函数。（　　）
2. Excel 没有专门提供现值指数函数，但可以根据现值指数计算公式，利用 NPV 函数计算投资项目的现值指数。（　　）
3. 现值指数大于 0，说明方案可行，且现值指数越大方案越优。（　　）

三、填空题

1. 从决策的角度看，项目投资方案可分为____________和____________。
2. 内含报酬率是用____________来评价项目投资财务效益的方法，就是资金流入现值总额与资金流出现值总额__________、净现值等于________时的折现率。
3. 对于单一项目，如果内含报酬率________要求的必要报酬率，则项目是可行的。

四、简答题

1. 简述现值指数的计算公式。

2. 在独立投资方案中应如何选择项目投资评价指标？

五、应用题

1. 某公司有一个设备投资项目，该项目的有关资料见下表。

某公司设备投资项目资料　　金额单位：万元

贴现率	初始投资额	税后现金流量				
		第 1 年	第 2 年	第 3 年	第 4 年	第 5 年
12%	300 000	100 000	120 000	130 000	100 000	70 000

（1）请用 Excel 函数计算该公司设备投资项目的现值指数。

（2）根据上述计算结果，分析说明该设备是否值得投资。

2. 某公司有一项新设备投资方案，初始投资额和各年收益见下表。

某公司新设备投资方案 金额单位：万元

投资方案	银行存款年利率	初始投资额	各年净收益				
			第 1 年	第 2 年	第 3 年	第 4 年	第 5 年
新设备 1	5%	320 000	70 000	80 000	82 000	83 000	84 000

（1）请用 Excel 函数计算该设备投资方案的内含报酬率。

（2）根据 Excel 计算结果，分析说明该投资方案是否可行。

3. 某公司有 A、B 两个投资项目可供选择，各项目的初始投资额和预计各年净收益见下表。

某公司投资项目资料

金额单位：万元

投资方案	银行存款年利率	初始投资额	各年净收益			
			第 1 年	第 2 年	第 3 年	第 4 年
项目 A	5.10%	20 000	5 000	8 500	8 500	8 500
项目 B	5.10%	10 000	1 800	2 000	5 000	5 000

（1）请用 Excel 计算各项目的净现值和内含报酬率，并确定值得投资的项目。

（2）简述应用 Excel 函数计算各项目的净现值和内含报酬率的方法。